D1242946

WEEKLY WR READER
EARLY LEARNING LIBRARY

Nature's Food Chains/Las cadenas alimentarias en la naturaleza

What Sea Animals Eat / ¿Qué comen los animales del mar?

by/por Joanne Mattern

Reading consultant/Consultora de lectura: Susan Nations, M.Ed.,
author/literacy coach/consultant/autora/tutora de alfabetización/consultora

Science and curriculum consultant/Consultora de ciencias y contenido curricular: Debra Voege, M.A.,
science and math curriculum resource teacher/maestra de recursos curriculares de ciencias y matemáticas

Please visit our web site at: www.garethstevens.com
For a free color catalog describing Weekly Reader® Early Learning Library's list
of high-quality books, call 1-877-445-5824 (USA) or 1-800-387-3178 (Canada).
Weekly Reader® Early Learning Library's fax: (414) 336-0164.

Library of Congress Cataloging-in-Publication Data

Mattern, Joanne, 1963-
 [What sea animals eat. Spanish & English]
 What sea animals eat = Qué comen los animales del mar? / Joanne Mattern.
   p. cm. — (Nature's food chains = Las cadenas alimentarias en la naturaleza)
 Includes bibliographical references and index.
 ISBN-10: 0-8368-7376-9 — ISBN-13: 978-0-8368-7376-4 (lib. bdg.)
 ISBN-10: 0-8368-7383-1 — ISBN-13: 978-0-8368-7383-2 (softcover)
 1. Marine animals—Food—Juvenile literature. 2. Food chains (Ecology)—Juvenile literature.
 I. Title. II. Title: Qué comen los animales del mar?
 QL121.M32   2007b
 591.77—dc22   2006018434

This edition first published in 2007 by
Weekly Reader® Early Learning Library
A Member of the WRC Media Family of Companies
330 West Olive Street, Suite 100
Milwaukee, WI 53212 USA

Copyright © 2007 by Weekly Reader® Early Learning Library

Editor: Barbara Kiely Miller
Art direction: Tammy West
Cover design, page layout, and illustrations: Dave Kowalski
Picture research: Diane Laska-Swanke
Translators: Tatiana Acosta and Guillermo Gutiérrez

Picture credits: Cover, title, © Doug Perrine/naturepl.com; p. 5 © Doug Perrine/SeaPics.com;
p. 7 © David Shale/naturepl.com; p. 9 © Rudie Kuiter/SeaPics.com; p. 11 © Mark Conlin/SeaPics.com;
p. 13 © Kike Calvo/V & W/SeaPics.com; p. 15 © Ralf Kiefner/SeaPics.com; p. 17 © Georgette Douwma/
naturepl.com; p. 19 © Bob Cranston/SeaPics.com

Printed in the United States of America

1 2 3 4 5 6 7 8 9 10 09 08 07 06

Note to Educators and Parents

Reading is such an exciting adventure for young children! They are beginning to integrate their oral language skills with written language. To encourage children along the path to early literacy, books must be colorful, engaging, and interesting; they should invite the young reader to explore both the print and the pictures.

The *Nature's Food Chains* series is designed to help children learn about the interrelationships between animals in a food chain. In each book, young readers will learn interesting facts about what animals eat in different habitats and how food chains are connected into food webs.

Each book is specially designed to support the young reader in the reading process. The familiar topics are appealing to young children and invite them to read — and reread — again and again. The full-color photographs and enhanced text further support the student during the reading process.

In addition to serving as wonderful picture books in schools, libraries, homes, and other places where children learn to love reading, these books are specifically intended to be read within an instructional guided reading group. This small group setting allows beginning readers to work with a fluent adult model as they make meaning from the text. After children develop fluency with the text and content, the book can be read independently. Children and adults alike will find these books supportive, engaging, and fun!

— Susan Nations, M.Ed., author, literacy coach,
and consultant in literacy development

Nota para los maestros y los padres

¡Leer es una aventura tan emocionante para los niños pequeños! A esta edad están comenzando a integrar su manejo del lenguaje oral con el lenguaje escrito. Para animar a los niños en el camino de la lectura incipiente, los libros deben ser coloridos, estimulantes e interesantes; deben invitar a los jóvenes lectores a explorar la letra impresa y las ilustraciones.

La colección *Las cadenas alimentarias en la naturaleza* está diseñada para ayudar a los niños a conocer cómo se relacionan los animales en una cadena alimentaria. En cada libro, los niños aprenderán datos interesantes sobre lo que comen los animales en diferentes hábitats y cómo las cadenas alimentarias se integran en redes alimentarias.

Cada libro está especialmente diseñado para ayudar al joven lector en el proceso de lectura. Los temas familiares llaman la atención de los niños y los invitan a leer —y releer— una y otra vez. Las fotografías a todo color y el tamaño de la letra ayudan aún más al estudiante en el proceso de lectura.

Además de servir como maravillosos libros ilustrados en escuelas, bibliotecas, hogares y otros lugares donde los niños aprenden a amar la lectura, estos libros han sido especialmente concebidos para ser leídos en un grupo de lectura guiada. Este contexto permite que los lectores incipientes trabajen con un adulto que domina la lectura mientras van determinando el significado del texto. Una vez que los niños dominan el texto y el contenido, el libro puede ser leído de manera independiente. ¡Estos libros les resultarán útiles, estimulantes y divertidos a niños y a adultos por igual!

— Susan Nations, M.Ed., autora/tutora de alfabetización/
consultora de desarrollo de la lectura

All living things need food to live and grow. Some animals eat plants. Some eat smaller animals. These fish belong to a sea food chain. A **food chain** shows the order of who eats what.

- -

Todos los seres vivos necesitan alimentos para vivir y crecer. Algunos animales comen plantas. Otros se alimentan de animales más pequeños. Estos peces forman parte de una cadena alimentaria marina. Una **cadena alimentaria** muestra quién come qué y en qué orden.

5

Plants are at the bottom of food chains. They make their own food from sunshine, water, and air. These small shrimp eat tiny sea plants called **plankton**.

En la base de las cadenas alimentarias se encuentran las plantas. Éstas usan la luz del sol, el agua y el aire para producir su propio alimento. Estos pequeños camarones se alimentan de diminutas plantas marinas llamadas **plancton**.

FOOD CHAIN/CADENA ALIMENTARIA

Shrimp/Camarón

Plankton/Plancton

7

Small fish eat the shrimp. Seahorses are fish. A seahorse eats this tiny shrimp.

Peces pequeños se comen a los camarones. Los caballitos de mar son peces. Un caballito de mar se está comiendo a este diminuto camarón.

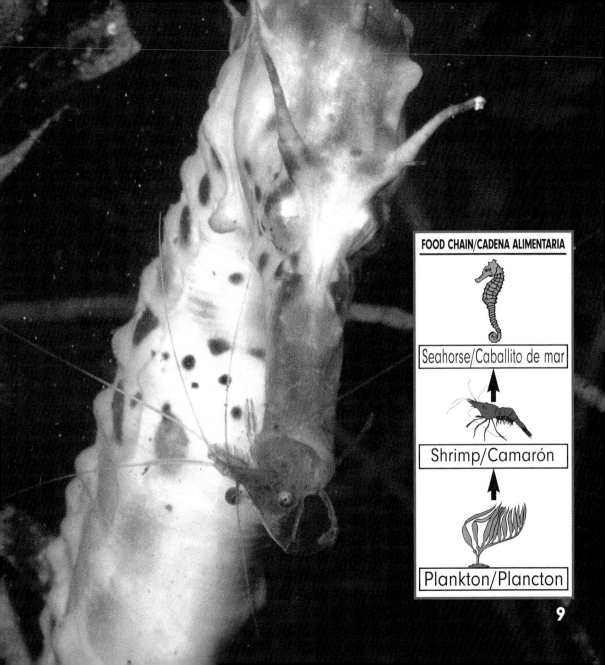

FOOD CHAIN/CADENA ALIMENTARIA

Seahorse/Caballito de mar

↑

Shrimp/Camarón

↑

Plankton/Plancton

9

Bigger fish eat seahorses. These tuna eat seahorses.

- -

Peces más grandes se comen a los caballitos de mar. Estos atunes comen caballitos de mar.

FOOD CHAIN/CADENA ALIMENTARIA

Tuna/Atún

Seahorse/Caballito de mar

Shrimp/Camarón

Plankton/Plancton

Then a larger fish may eat the tuna. This shark is eating a tuna. A shark is a very big fish. Sharks are at the top of their food chains. No other sea animal will eat them.

- -

Después, un pez más grande podría comerse a los atunes. Este tiburón se está comiendo a un atún. El tiburón es un pez muy grande. Los tiburones están en la parte más alta de su cadena alimentaria. Ningún otro animal se los come.

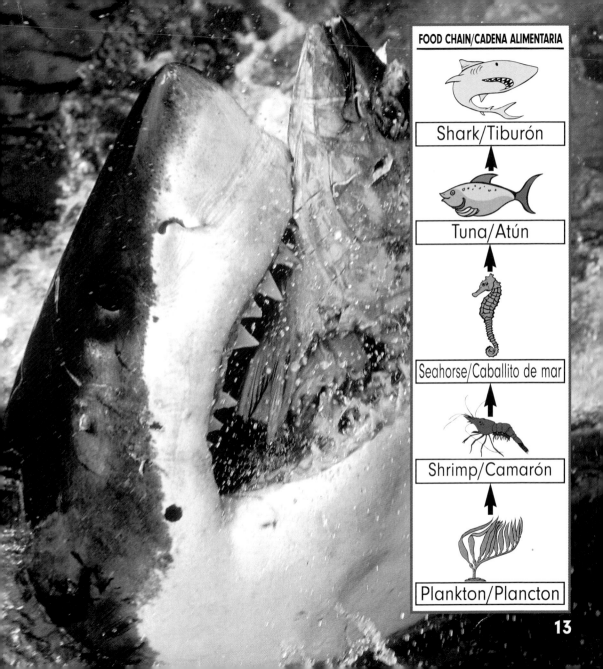

FOOD CHAIN/CADENA ALIMENTARIA

Shark/Tiburón

↑

Tuna/Atún

↑

Seahorse/Caballito de mar

↑

Shrimp/Camarón

↑

Plankton/Plancton

Oceans and seas have many food chains. A tuna ate the seahorse in the first food chain. But seahorses are also eaten by **crabs**.

En los océanos y los mares hay muchas cadenas alimentarias. En la cadena alimentaria anterior, un atún se comió al caballito de mar. Pero también los **cangrejos** se comen a los caballitos de mar.

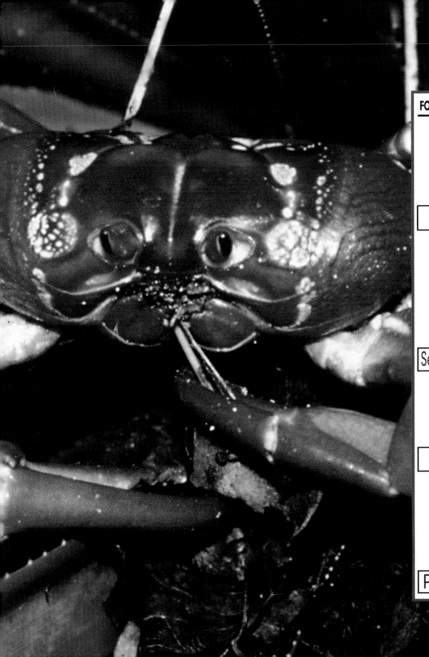

FOOD CHAIN/CADENA ALIMENTARIA

Crab/Cangrejo

↑

Seahorse/Caballito de mar

↑

Shrimp/Camarón

↑

Plankton/Plancton

Bigger animals eat crabs. This **squid** eats crabs. Then a shark eats the squid. The shark is at the top of this food chain, too.

Animales más grandes se comen a los cangrejos. Este **calamar** come cangrejos. Después, un tiburón se come al calamar. El tiburón también está en la parte más alta de esta cadena alimentaria.

FOOD CHAIN/CADENA ALIMENTARIA

Shark/Tiburón

Squid/Calamar

Crab/Cangrejo

17

An animal or plant can be part of more than one food chain. Sharks eat tuna and squid. This shark may eat crabs, but it eats plankton, too. Eating many kinds of foods helps animals stay alive.

- -

Una planta o un animal pueden formar parte de más de una cadena alimentaria. Los tiburones comen atunes y calamares. Este tiburón podría comer cangrejos, pero también come plancton. Gracias a que comen muchas clases de alimentos, los animales pueden sobrevivir.

A **food web** is formed when two or more food chains are connected. Animals that are part of more than one food chain connect the chains. Food webs show that animals have many things to eat!

Cuando dos o más cadenas alimentarias se conectan, se forma una **red alimentaria**. Las cadenas se conectan gracias a los animales que forman parte de más de una cadena alimentaria. ¡Las redes alimentarias nos enseñan que los animales comen muchas cosas!

A Sea Food Web/Una red alimentaria de los mares

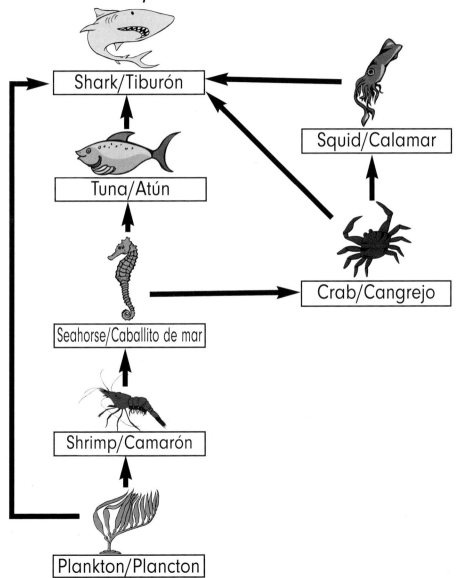

21

Glossary

crab — a water animal that has a hard shell and a pair of large claws

food chain — a list of living things, in which each plant or animal is eaten by the next animal on the list

food web — food chains that are connected by a plant or animal that is common to both chains

squid — a sea animal that is related to the octopus. A squid has a long, soft body and ten long arms.

Glosario

cadena alimentaria — lista de seres vivos en la que cada planta o animal sirve de alimento al siguiente animal de la lista

calamar — animal marino emparentado con el pulpo. El calamar tiene un cuerpo alargado y blando y diez largos tentáculos.

cangrejo — animal acuático que tiene una concha dura y un par de grandes pinzas

red alimentaria — conexión de cadenas alimentarias que están unidas por una planta o animal que forma parte de ambas cadenas

For More Information/Más información

Books

Ocean Floors. Water Habitats (series). JoAnn Early Macken
(Gareth Stevens)

Seahorses. Sylvia M. James (Mondo Publishing)

Sharks. Scary Creatures (series). Penny Clarke (Franklin Watts)

What Do Sharks Eat for Dinner? Scholastic Question and Answer Books
(series). Melvin Berger (Scholastic Reference)

Libros

El caballito de mar. Animales acorazados (series).
Lola M. Schaefer (Heinemann)

Ocean Floors/Fondos oceánicos. Water Habitats/Hábitats acuáticos
(series). JoAnn Early Macken (Gareth Stevens)

Index

Índice

About the Author

Joanne Mattern has written more than one hundred and fifty books for children. Joanne also works in her local library. She lives in New York State with her husband, three daughters, and assorted pets. She enjoys animals, music, going to baseball games, reading, and visiting schools to talk about her books.

Información sobre la autora

Joanne Mattern ha escrito más de ciento cincuenta libros para niños. Además, Joanne trabaja en la biblioteca de su comunidad. Vive en el estado de Nueva York con su esposo, sus tres hijas y varias mascotas. A Joanne le gustan los animales, la música, ir al béisbol, leer y hacer visitas a las escuelas para hablar de sus libros.